Este libro
es solo nuestro.

Mamá y

© Magela Ronda, 2026
    Autora representada por IMC; Agencia Literaria, S.L.
© Algar Editorial
    Apartado de correos 225 - 46600 Alzira
    www.algareditorial.com
Impresión: Liberdúplex

1.ª edición: marzo, 2026
ISBN: 978-84-9142-914-2
DL: V-109-2026

Tú y yo, mamá

Un libro para crear y guardar recuerdos

Magela Ronda

algar

¡Hola, mamá!

¿Sabías que eres mi persona favorita del planeta?

Das abrazos que abrigan más que una manta y haces cosquillas
justo donde más risa da. A veces adivinas lo que pienso, como si tuvieras
un radar secreto. Solo tú sabes encontrar los calcetines desaparecidos,
los juguetes perdidos y las ganas de reír cuando todo parece aburrido.

Aunque estés cansada o tengas mil cosas que hacer,
siempre encuentras un ratito para jugar conmigo.

Por eso, este libro es solo nuestro: porque tú eres mi mamá con superpoderes,
la que puede con todo..., ¡incluso conmigo!

Firmado:

....

Autorretrato de mamá y yo

Mamá, ¿por qué no jugamos a ser artistas? Podemos mirarnos en un espejo
y dibujar cómo nos vemos o hacerlo de memoria.

Yo me dibujo aquí y tú te dibujas aquí. ¡Seguro que quedamos genial!

Más abajo,
me dibujas tú a mí
y yo a ti.

Mi autorretrato

El autorretrato
de mamá

Mi retrato

El retrato de mamá

Así eres tú y así soy yo

Hoy vamos a jugar al **gran juego de conocernos**.
Yo diré cómo creo que eres tú, y tú me dirás cómo soy yo.
Podemos marcar las opciones con colores diferentes, así veremos
si pensamos igual o si nos hemos confundido un poquito. ¿Lista, mamá?

Cariñosa	Siempre	A veces	Casi nunca
Alegre	Siempre	A veces	Casi nunca
Gruñona	Siempre	A veces	Casi nunca
Cansada	Siempre	A veces	Casi nunca
Amable	Siempre	A veces	Casi nunca
Divertida	Siempre	A veces	Casi nunca
Dormilona	Siempre	A veces	Casi nunca
Preocupada	Siempre	A veces	Casi nunca
Inteligente	Siempre	A veces	Casi nunca

El juego del espejo mágico

MATERIALES

- Un espejo grande.
- Cosas divertidas para disfrazarnos: sombreros, bufandas, gafas o joyas de juguete.

INSTRUCCIONES

1. Preparación

Tú eliges primero algo gracioso para ponerte. Cuando termines, elijo yo.

2. Delante del espejo mágico

Nos miramos al espejo y decimos las palabras mágicas: «Espejo, espejito, ¿quién lleva el disfraz más bonito?».

3. Caras graciosas

Ponemos las caras más raras que se nos ocurran. Incluso podemos usar tu móvil para hacernos fotos o vídeos divertidos.

4. Cuentos del reflejo

Empieza tú diciendo:
«Dentro del espejo veo...».
Luego me toca a mí decir:
«Dentro del espejo veo...».
Inventamos una historia que solo exista dentro del reflejo.

5. Despedida

Al terminar, hacemos una reverencia, mandamos un beso a nuestros reflejos y prometemos volver a jugar otro día.

¡Aquí podemos dibujar los complementos que hemos usado para acordarnos siempre!

¿A qué huele mamá? ¿A qué huelo yo?

Los olores cuentan historias sin palabras. Tú, mamá, hueles a tostadas,
a colonia y a esos abrazos que lo arreglan todo.

Mi olor cambia cada día: unas veces huelo a chocolate,
otras a plastilina y algunas a lluvia.

Vamos a guardar esos olores en frascos mágicos.
Escribe dentro de las etiquetas cómo hueles tú y cómo huelo yo.
¡Pueden ser tantos como se nos ocurran!

Mamá huele a:

Yo huelo a:

El juego de las sombras

MATERIALES

- Una linterna o la luz del móvil.
- Una habitación oscura con las luces apagadas.
- Nuestras manos y objetos con los que hacer sombras chulas.

INSTRUCCIONES

1. Preparar la magia

Apagamos las luces, cerramos las cortinas y encendemos la linterna.
Tú apuntas hacia la pared y yo preparo mis manos.

2. Sombras animales

Probamos a hacer figuras: un pájaro, un conejo, vun perro o un dragón.

3. Historias de luz

Inventamos un cuento con las sombras.
Tú empiezas: «Había una vez un conejo que quería volar como un pájaro...».
Yo sigo: «Le pidió a un árbol unas hojas para hacerse alas...».
Y así seguimos hasta que el cuento termina.

4. Objetos locos

Probamos con cosas de casa: una cuchara bailarina, un calcetín-serpiente o un dinosaurio hecho con las manos.

5. Despedida

Al terminar, hacemos una reverencia y decimos:
«Gracias, pared, por guardar nuestros secretos».

Así es mi supermamá

Si yo tuviera que dibujarte como una superheroína, sabría exactamente cómo serías. Tendrías una capa brillante para volar conmigo más alto que nadie, botas ultrarrápidas para llegar siempre a tiempo, ojos de rayos X para encontrar todo lo que se pierde y una fuerza increíble para llevarme a caballito sin cansarte nunca.

Pero tú no eres una superheroína cualquiera, mamá: eres la mía. ¡Vamos a pensar en algunos de tus poderes y a dibujarte con ellos!

Por ejemplo, el superpoder de arreglar el peor de los días con una sonrisa.

 # El paseo de los descubrimientos

MATERIALES

Una bolsa o mochila, una libreta, un lápiz o rotuladores, una cámara o móvil (opcional).

INSTRUCCIONES

1. Listos para explorar

Hoy no salimos a pasear... ¡Salimos a descubrir! Podemos ir por el barrio, al parque, al campo o donde queramos. Nuestro objetivo es encontrar cosas que cuenten historias.

2. Misión exploradora

Yo buscaré tres cosas que me gusten mucho, y tú, otras tres. Pueden ser sonidos, olores, colores o pequeños objetos: una hoja que parece un corazón, un ladrido, un olor a hierba o una sombra con forma rara.

3. De vuelta a nuestro álbum

Cuando volvamos a casa, dibujamos o escribimos lo que hemos encontrado. Además, podemos pegar aquí hojas, tickets, papeles encontrados o pequeñas fotografías impresas.

Hallazgo 1

Hallazgo 2

Hallazgo 3

Las comidas que nos gustan... y las que no tanto

A veces la comida es una fiesta. Otras, una pelea sin vencedores.
Tú, mamá, dices que hay que probarlo todo. Yo afirmo que hay cosas
que ni los dragones se atreverían a comer.

Así que haremos **nuestra lista oficial de comidas**: las que adoramos,
las que nos horrorizan y las que aún estamos aprendiendo a soportar.
(¡Prometo no poner caras raras cuando lleguemos al final!).
¡Podemos escribirlas o dibujarlas y pintarlas con todos sus colores!

💙 **Las que me encantan**

....

....

💙 **Las que tú adoras** (aunque yo no tanto)

....

....

⚡ **Las que no nos gustan nada**

....

....

⚡ **Las que aún estoy aprendiendo a soportar**

....

....

Dibuja aquí la cara
que pones cuando
pruebas algo nuevo.

Espaguetis con tomate y risas

INGREDIENTES

- Espaguetis
- Salsa de tomate
- Queso rallado (si te apetece)
- Sal, aceite de oliva y especias

- Una olla grande y una sartén
- Un escurridor y una cuchara de madera
- Risas

INSTRUCCIONES

(Todo siempre contigo y teniendo cuidado con las cosas calientes).

1. Hervir los espaguetis

Llenamos una olla con agua y un poco de sal. Cuando hierva, echamos los espaguetis con cuidado. Mientras se cocinan, contamos chistes de tomates o de cocineros despistados. ¿Te sabes alguno?

2. La salsa especial

En una sartén, preparamos la salsa con aceite, tomate, sal y el ingrediente invisible: cariño.

3. Mezcla mágica

Escurrimos los espaguetis y los mezclamos con la salsa. Removemos con una cuchara de madera mientras imaginamos que estamos cocinando una poción deliciosa.

4. ¡Hora de comer!

Servimos los espaguetis en los platos y espolvoreamos un poco de queso rallado (si nos apetece) por encima. ¡A ver si notas el sabor especial de las risas!

¡Cuando hayamos acabado, podemos poner nota a nuestro plato!

¿Cómo era el mundo cuando eras pequeña?

Seguro que, cuando tú eras pequeña, el mundo era muy distinto.
¿Los dinosaurios iban al cole? ¿Había teléfonos móviles o solo
palomas mensajeras? ¿Los helados sabían a pizza? ¿Existía Internet o se usaban
mapas de papel gigantes? ¡Quiero saberlo todo!

INVESTIGACIÓN OFICIAL DEL PASADO DE MAMÁ

(Completa conmigo esta ficha secreta de tu infancia)

¿Cómo era tu móvil? ....

¿Y el teléfono de casa? ....

La canción que no parabas de cantar era ....

Tu serie de dibujos favorita era ....

En la tele solo había .... canales.

Si querías ver una peli, ibas al ....

Las canciones se escuchaban en ....

Tu juguete favorito era ....

Las fotos se guardaban en ....

Y la travesura más grande que hiciste fue ....

....

¡Si tienes alguna foto tuya de cuando tenías mi edad,
podemos ponerla aquí!

Pega aquí
una foto
tuya de
pequeña.

Mi mamá con su mamá y su papá

(que son mis abuelos)

Esta eras
tú de niña.

Este es
mi abuelo.

Esta es
mi abuela.

Mamá, puedes añadir también fotos o dibujos de
tus hermanos y hermanas, de tus mascotas o de tus
amigos y amigas de entonces. Así harás un retrato
completo de tu mundo cuando eras pequeña.

Cuando yo era solo un bebé

¿Te acuerdas de cuando yo era un bebé diminuto? No sabía hablar, pero hacía unos ruiditos muy graciosos: gruñidos, estornudos de dragón y risas sin dientes. Tú siempre cuentas que me ponía como un tomate cuando lloraba y que me reía a carcajadas cuando me hacías cosquillas o cuando estornudaba.

¡Seguro que tenemos muchas fotos mías de bebé! Vamos a elegir una y a pegarla aquí. Cuéntame cómo era cuidar de alguien tan pequeño, ruidoso y genial como yo.

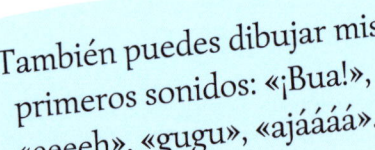

También puedes dibujar mis primeros sonidos: «¡Bua!», «eeeeh», «gugu», «ajáááá».

El juego de las transformaciones

MATERIALES

- Ropa y complementos de toda la familia: sombreros, chaquetas, bufandas, gafas, cinturones, etc.

- Un espejo grande o el del baño (opcional).

- Una cámara o móvil para hacer fotos divertidas.

INSTRUCCIONES

1. Elige tu personaje

Mamá, piensa en alguien o algo en lo que quieras transformarte: una exploradora, un robot, una *rockera*, un gato con botas...

2. La transformación

Yo te ayudo a buscar las prendas y te doy los toques finales. Luego tú haces lo mismo conmigo.

3. El encuentro mágico

Nos presentamos el uno al otro como si no nos conociéramos: «Hola, soy el pirata que se marea en el mar. ¿Quién eres tú?».

Historia final

Entre tú y yo inventamos una escena o un pequeño cuento con nuestros personajes. Podemos dibujarlo o escribirlo aquí y luego grabarlo con el móvil.

Tú y yo nos parecemos mucho...

A veces me dicen que nos parecemos un montón. ¿Será por la sonrisa?
¿O por esa forma de levantar una ceja cuando algo nos sorprende?

Vamos a comprobarlo: tú me dibujas como crees que soy y luego yo te dibujo a ti.
Después comparamos los dibujos y vemos si tenemos la misma nariz,
los mismos ojos o la misma risa.

La nariz es ....
La boca es ....
Los ojos son ....
Las cejas son ....
Las orejas son ....
Lo que más parecido tenemos es ....

La nariz es ....
La boca es ....
Los ojos son ....
Las cejas son ....
Las orejas son ....

... pero también somos muy diferentes.

Igualmente, hay cosas que nos hacen diferentes, y eso es lo divertido.
Tú prefieres el café; yo, el chocolate. Tú madrugas y yo no.
Tú te sabes las canciones enteras; yo me invento las letras. Por eso formamos
un gran equipo: nos parecemos, pero no somos iguales.

Las manos son ....

Los dientes son ....

Las mejillas son ....

Los pies son ....

Nuestra diferencia favorita ♥

Las cosas que tú y yo aprendemos
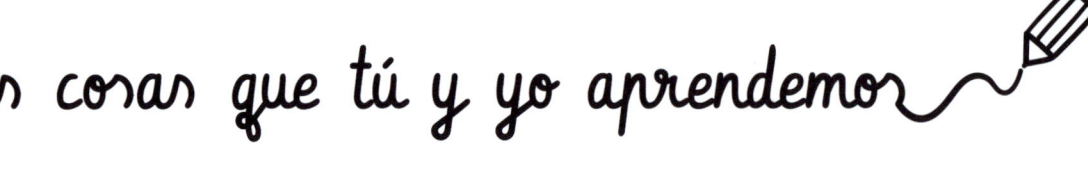

Cada día contigo es una aventura nueva.
Tú me enseñas a atarme los cordones, a mirar el cielo y a tener paciencia.
Yo te enseño mis chistes, mis bailes y mis preguntas raras.

A veces tú me enseñas a no rendirme,
y otras soy yo quien te enseña a reírte de los líos.

¡Vamos a escribir qué cosas he aprendido yo de ti y tú de mí!

Cosas que aprendo de mamá

Cosas que mamá aprende de mí

La mochila aventurera

MATERIALES

- Una mochila.
- Pequeños tesoros o premios (pegatinas, chuches, dibujos).
- Papel y lápiz para las pistas.
- Un mapa de nuestra casa (opcional).

INSTRUCCIONES

1. Preparación

Mamá, mientras yo no miro, escondes los tesoros por toda la casa. Puedes colocarlos debajo de un cojín, en una maceta o detrás de una cortina. ¡No me lo pongas demasiado fácil!

2. Las pistas

Escribes pequeñas pistas en papeles: «Donde descansan los cojines», «Cerca del sitio que huele a queso», «Debajo del libro más gordo».

3. La búsqueda

Me das la primera pista y yo sigo el rastro como un detective. Cada vez que encuentro un tesoro, lo guardo en la mochila.

4. Y ahora al revés

Luego soy yo quien esconde los tesoros y tú los buscas.

5. Gran final

Cuando hayamos encontrado todos los tesoros, los podemos dibujar aquí:

Algunas cosas que me gustan mucho

Mira, mamá, estas son algunas de las cosas que más me gustan.
Seguro que hay muchas que ya conoces, pero otras ¡te van a sorprender!

mención especial

Dibuja aquí mis cosas favoritas.
(Truco: si algo no se puede dibujar,
escribe su nombre dentro de un
corazón o de una estrella).

Algunas cosas que te gustan mucho, mamá

Y ahora te toca a ti, mamá. Quiero saber qué cosas te hacen feliz.
Tu olor favorito, el color que te calma, la canción que siempre te alegra,
o ese plan sencillo que te encanta repetir.

mención
especial

Dibuja aquí tus cosas
favoritas. (Truco: si algo
no se puede dibujar, escribe
su nombre dentro de un corazón
o de una estrella).

Nuestro mejor día juntos

Mamá, piensa en el día más divertido que hemos compartido.
Aquel en el que no paramos de reír ni un minuto. Quizá fue un viaje,
una tarde de sofá y cuentos, una guerra de cosquillas o una excursión llena de barro.

Yo también tengo el mío guardado en la cabeza, como una foto
que nunca se borra.

Dibuja tu versión de un día perfecto, y luego dibujo la mía. Al terminar,
comparamos los dibujos. ¿Se parecen o son completamente diferentes?

Debajo de los dibujos, podemos
escribir la palabra que mejor describa
ese día: alegría, aventura, risa,
magia... o todas juntas.

El escondite de los sueños

MATERIALES

· Sábanas o mantas grandes.

· Almohadas y cojines.

· Guirnalda de luces pequeñas o una linterna.

· Un libro de cuentos y muchas ganas de inventar.

INSTRUCCIONES

1. Construcción

Juntamos almohadas y cojines para hacer el suelo. Luego colocamos las sábanas por encima para crear nuestro escondite secreto.

2. Luces mágicas

Quedará más chulo si ponemos una guirnalda de luces debajo de las sábanas para darle un ambiente mágico. Pero, si no tenemos, ¡no pasa nada! Podemos utilizar una linterna.

3. Érase una vez

Dentro del escondite contamos historias imposibles: dragones que hacen pompas, piratas dormilones o sirenas que tocan el violín.

4. Guardando los sueños

Cuando salgamos de nuestro escondite, tenemos que pensar un deseo. Lo decimos en voz baja y lo dejamos allí. A lo mejor nuestro escondite de los sueños lo convierte en realidad.

Nuestra música

Mamá, hay canciones que suenan a nuestra historia:
a cuando vamos en coche de camino al cole, a los sábados de limpieza con baile,
a las noches en que no podía dormir. Algunas nos hacen reír,
otras nos hacen cantar fatal..., pero siempre en compañía.

Escribe aquí los títulos de nuestra banda sonora:

· La canción que más cantamos a grito pelado: ....

· La que me cantabas de peque: ....

· La que bailamos sin parar: ....

· Nuestra «canción para días tristes»: ....

· Una nueva que descubramos a la vez: ....

Dibuja cómo suena nuestra
canción favorita (usa colores,
formas o líneas).

Nuestra lista para bailar

MATERIALES

- Un altavoz.
- El móvil con música.
- Ganas de mover el esqueleto.

CÓMO SE JUEGA

1. Primer turno

Tú eliges una canción y yo invento un baile.

2. Cambio

Ahora elijo yo una y tú copias mis pasos.

3. Coreografía loca

Grabamos el resultado o dibujamos los pasos más divertidos.

4. Lista oficial

Elegimos cinco canciones que siempre nos pongan de buen humor y hacemos nuestro cartel para la nevera: «Nuestra playlist para días grises».

Paso 1

Paso 2

Paso 3

Me invento un cuento para ti

¡Atención, mamá! Hoy me toca ser quien cuenta el cuento.
Todavía no sé si será una historia de dragones con miedo al dentista,
de astronautas que viven en una nube de helado o de ratones
que se disfrazan de superhéroes para robar galletas.

Tú solo tienes que escuchar, reírte y ayudarme a inventar el final.
Luego dibujamos lo que más nos guste y escribimos el título del cuento.

Título de mi cuento:

Dibujo de lo que más nos guste

Si nos gusta mucho, podemos
contarlo otra vez mañana,
¡con un final distinto!

Mamá, invéntame un cuento

Ahora te toca a ti, mamá. Quiero que te inventes un cuento solo para mí.
Puede ser de lo que tú quieras: de un robot que aprende a abrazar,
una mariposa que baila hip-hop o una piedra que sueña con volar.
Prometo escucharte con toda mi atención.

Título del tuyo, mamá:

Dibujo de lo que más nos guste

Si nos gusta mucho, podemos contarlo otra vez mañana, ¡con un final distinto!

Nuestras caras

Mamá, a veces tú y yo nos enfadamos. Tú pones cara de «¡ay, ay, ay!» y yo cruzo los brazos como diciendo «no pienso hablar».

En algunas ocasiones grito un poco. Y en otras, tú suspiras mucho. Pero no importa quién tenga razón, porque siempre encontramos la forma de reír otra vez. Querernos también significa aprender a hacer las paces.

Dibuja aquí nuestras caras de enfado y nuestras caras de reconciliación.

Mi cara de enfado

La cara de enfado de mamá

Mi cara cuando hacemos las paces

La cara de mamá cuando hacemos las paces

Mis primeros emojis

MATERIALES

Papel, tijeras (con ayuda), lápices o rotuladores, y un móvil con emojis para inspirarnos.

INSTRUCCIONES

1. Dibujamos emojis

Mamá, te toca dibujar un montón de caritas: felices, sorprendidas, tristes, enfadadas... ¡Todas las que se te ocurran!

2. ¡A imitar!

Cuando hayas terminado, enséñamelas una por una e intentaremos imitarlas. Si sale una sonriente, sonreímos a la vez. Si sale una llorando, ponemos carita triste.

3. Tu turno, mamá

Ahora me toca a mí elegir los emojis y tú puedes inventarte sus historias. ¡A ver qué se te ocurre!

4. Tesoro de emociones

Al terminar, guardamos todos los dibujos en un sobre o una cajita. Así, la próxima vez que queramos jugar, ¡ya tendremos nuestros emojis preparados para inventar nuevas historias! Aquí podemos dibujar el que más nos haya gustado.

Dentro de tu corazón

Yo me imagino tu corazón como un cofre del tesoro.
Ahí dentro guardas besos, abrazos, risas, canciones y un par de preocupaciones.

También hay un cajón secreto donde escondes los sustos, las ganas de dormir
cinco minutos más y las ideas que se te ocurren cuando miras por la ventana.

Mamá, dibuja todo lo que crees que hay dentro de tu corazón.
Seguro que, en medio de tanto alboroto, ¡también estoy yo!

Dentro de mi corazón

Mi corazón es como una caja de sorpresas: pequeñita,
pero llena de cosas increíbles. Dentro guardo risas, juegos,
sueños de colores y algún enfado que se va enseguida.

Y justo en el centro estás tú, mamá,
brillando como un faro.

Nuestro lenguaje secreto

En cada familia hay un idioma que no aparece en los diccionarios: frases, sonidos o palabras que solo entendemos nosotros.

Algunas son cariñosas; otras, un poco raras, y unas cuantas nos hacen reír hasta que nos duele la tripa.

Escribe o dibuja aquí nuestras frases favoritas:

Inventamos palabras nuevas

MATERIALES

Papeles, rotuladores de colores, pegamento y una cartulina o folio grande.

CÓMO SE JUEGA

1. Palabra inventada

Mamá, te toca inventar una palabra nueva y explicar qué significa. Ejemplo:

Soplirrisa = carcajada que sale cuando suspiras.

2. Mi turno

Yo invento otra palabra y la escribo.

3. Nuestro cartel mágico

Pegamos las palabras en la cartulina y lo titulamos **«Palabras que solo existen en nuestra casa».**

4. La palabra del día

Al final elegimos nuestra favorita y la usamos sin parar.

Nuestra palabra ganadora del día:

¿Cuánto sabes sobre mí?

Mamá, tú siempre dices que me conoces mejor que nadie. ¿De verdad?
Ha llegado la hora de comprobarlo con el **gran test de mamá**.
Prometo no chivarte las respuestas... Bueno, solo un poquito.

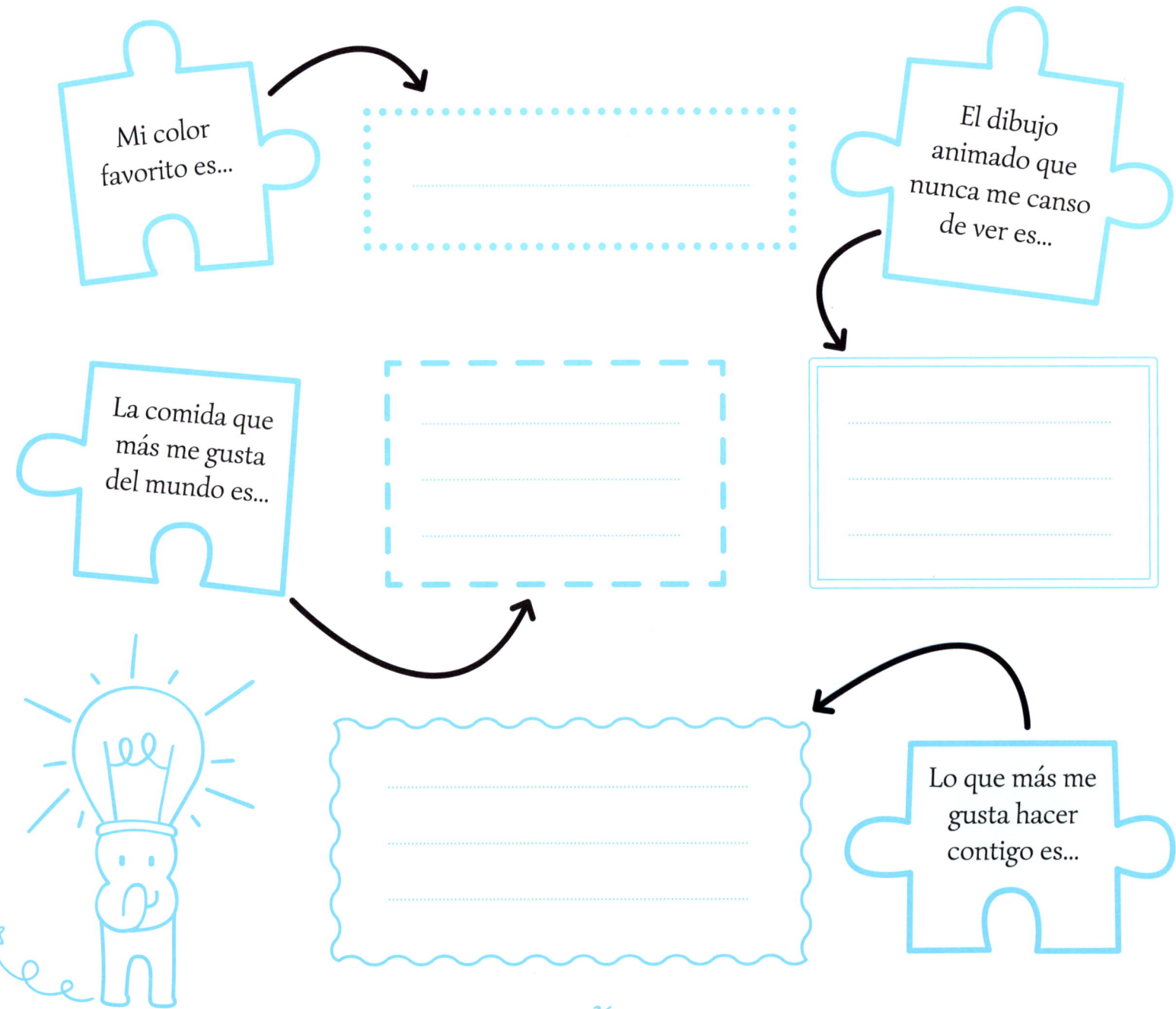

Mi color favorito es...

El dibujo animado que nunca me canso de ver es...

La comida que más me gusta del mundo es...

Lo que más me gusta hacer contigo es...

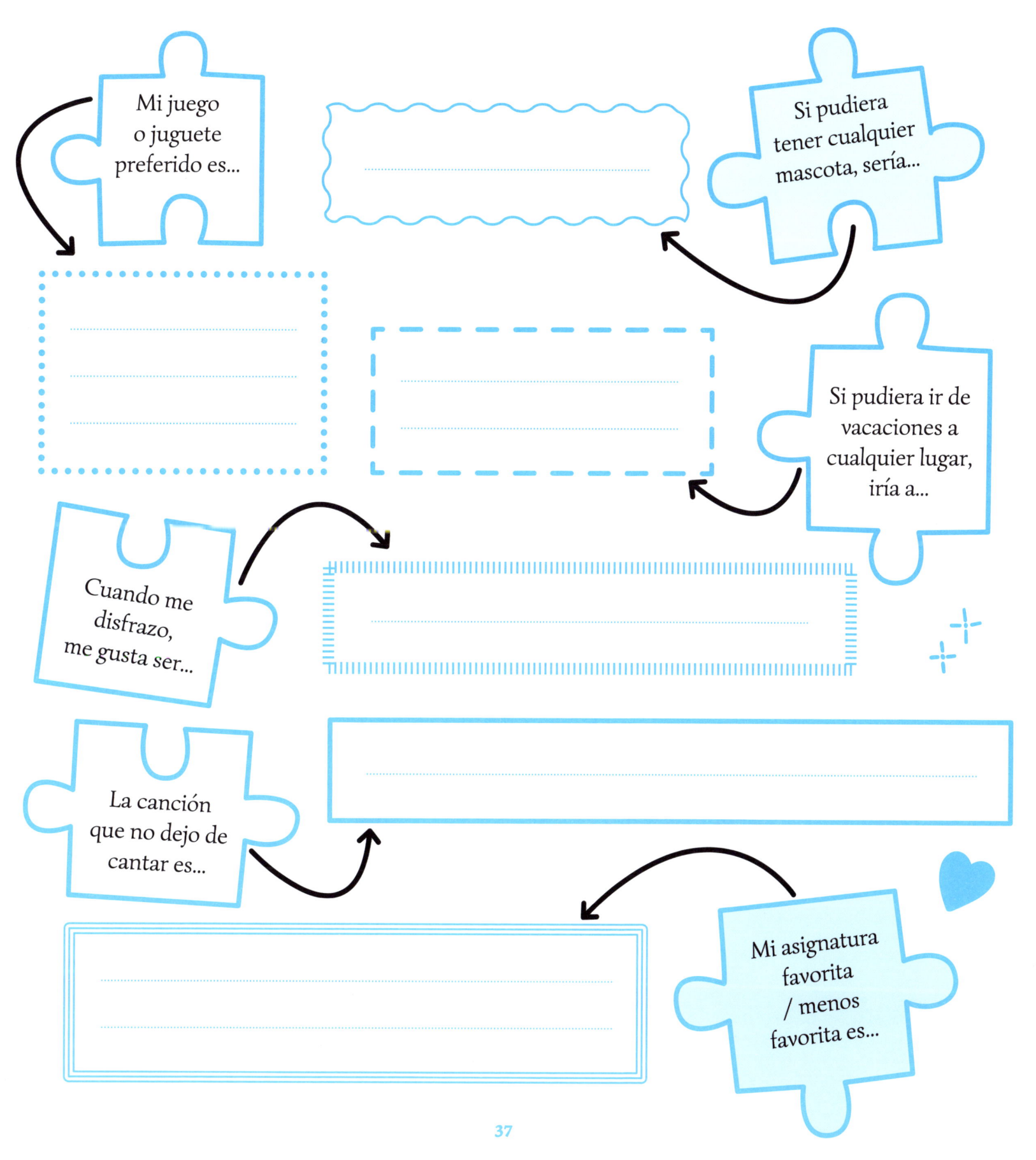

Mi juego o juguete preferido es...

Si pudiera tener cualquier mascota, sería...

Si pudiera ir de vacaciones a cualquier lugar, iría a...

Cuando me disfrazo, me gusta ser...

La canción que no dejo de cantar es...

Mi asignatura favorita / menos favorita es...

Entrevista a mamá

¡Ahora me toca a mí! Quiero saberlo todo de cuando eras pequeña:
tus juegos, tus amigos, tus canciones favoritas...
Prometo no reírme (bueno, quizás un poquito).

¿Qué te gustaba hacer
cuando tenías mi edad?

¿Tenías un peluche favorito?

¿Cómo se llamaba?

¿Eras traviesa o
tranquila en el cole?

¿Qué comida te
encantaba de niña?

¿Tuviste alguna
mascota divertida?

¿Qué asignatura te gustaba más y cuál menos?

¿Qué querías ser de mayor?

¿Cómo celebrabas tu cumpleaños?

¿Qué canción te hacía bailar sin parar?

Si pudieras volver a ser niña por un día, ¿qué harías primero?

Tú, yo y la familia

¿Sabes qué es lo mejor de nuestra familia?
¡Que somos como un equipo de superhéroes!
Tú eres la jefa, claro, y yo, tu ayudante especial.
Pero ¡hay muchos más héroes y heroínas en nuestro equipo!

¿Me ayudas a dibujar a nuestra familia haciendo cosas divertidas?
Podemos poner a la abuela cocinando galletas mágicas,
al abuelo jugando al dominó o al gato disfrazado de astronauta.
¡Cuantos más, mejor!

Aquí también podemos incluir fotos de personas y momentos especiales de nuestra familia.

Aquí pegamos nuestras fotos favoritas:
las caras raras, los viajes con el viento despeinándonos el pelo,
los cumpleaños con tartas torcidas y los abrazos
que salieron borrosos pero felices.